Dolores Soler-Espiauba

...Pero se casan con las morenas

DIFUSIÓN

Centro de Investigación y Publicaciones de Idiomas, S.L.
C/Trafalgar, 10, entlo. 1ª - 08010 BARCELONA.
Tel. 93 268 03 00 - Fax 93 310 33 40
e-mail: editorial@difusion.com
http://www.difusion.com

Colección **"Venga a leer"**
Serie "Hotel Veramar"

Diseño de la colección y cubierta: Àngel Viola
Ilustración de la página 23: Javier Roçh
Ilustraciones de las páginas 8, 25 y 29: Álvaro Paricio G.

Reimpresión: 4 5 6 7 8 / 2006 2005 2004 2003 200

ISBN 84-87099-83-1
Depósito Legal: M-6348-1995
Impreso en España - Printed in Spain

El **Hotel Veramar** es un pequeño hotel familiar, situado en Mojácar, un bonito pueblo del sur de la costa mediterránea, cerca de Almería.

Cari es la recepcionista del hotel. Es una chica de veintiún años, valiente y simpática, y trabaja en el hotel para poder pagarse los estudios de idiomas e informática.

Cari tiene un físico agradable: es morena, tiene unos grandes ojos negros y lleva el pelo muy corto y rizado. Pero tiene un problema: es muy bajita, pues sólo mide 1,55 metros, y por eso es muy desgraciada, porque se enamora con mucha frecuencia y siempre de chicos altísimos.

Eneko, el cocinero del hotel, es uno de ellos. Es un vasco de San Sebastián, gran especialista de la cocina de su región (los cocineros vascos son los más famosos de España), y también gran aficionado a las chicas guapas. Es alto, rubio, con ojos claros y una sonrisa muy atractiva de chico malo. Tiene una moto, una Yamaha 1100, y con esta moto han vivido algunas veces, Cari y él, emocionantes aventuras por la costa.

El dueño del hotel es **Don José**, un hombre un poco misterioso, a quien no le gusta mucho hablar de su vida.

También hay un empleado muy simpático que se llama **Paco**, que fue emigrante en Alemania unos años y que en el hotel se ocupa del jardín, de los recados, etc.

Los **clientes** del hotel son familias de Madrid y de Andalucía, turistas europeos, grupos de jubilados... gente tranquila. Pero no hay que pensar que el Veramar es tan tranquilo como parece. A veces sus clientes son... Bueno, a veces tienen vidas complicadas que complican las vidas del personal del hotel.

1

Cari la mira sorprendida. Es la cuarta chica rubia, alta, delgada, sexy y atractiva que se presenta en la recepción del Hotel Veramar esta mañana.

– ¿Su carné de identidad, por favor?

Y mientras toma nota de los datos, mira rápidamente la profesión de la chica: maniquí.

Naturalmente, maniquí. Una mujer así sólo puede ser maniquí. O artista de cine, o bailarina. Cari la mira de arriba a abajo, *se pone de puntillas* (1) para coger la llave de la habitación doscientos doce y murmura, pensando en sus ciento cincuenta y cinco centímetros:

– *Qué cruz, Dios mío, qué cruz* (2).

Y después añade en voz alta.

– Segundo piso. El ascensor está a la derecha. Después le devuelvo el *DNI* (3).

La chica se marcha con su larga melena rubia y sus

interminables piernas bronceadas, pero justo en la puerta del ascensor aparece Eneko, el joven cocinero vasco del hotel, que con su mejor sonrisa le toma de las manos la bolsa de viaje.

– Voy también al segundo piso. Dice. ¿Puedo llevarle el equipaje?

Cari suspira y se mira en el gran espejo del hall. Tiene el pelo negro y rizado, lo lleva muy corto, porque en verano es más práctico. Tiene los ojos castaños y vivos, la nariz pequeña y una cara redonda y simpática. Pero... no son cualidades suficientes para poner "maniquí" en su DNI.

Está tan pensativa mirándose, que no ve a Eneko que está a su lado.

– ¿Qué tal el examen, *aprobado o sobresaliente?* (4)

Cari se pone colorada como un tomate.

– Tan gracioso como siempre. ¿No tienes nada que hacer en la cocina?

– Sí. Tengo que pensar una dieta a base de vitaminas para todas las bellezas que están llegando.

– ¿Y qué vienen a hacer aquí todas juntas el mismo día? –pregunta Cari.

Eneko coge el periódico que está encima de una mesa, lo abre por la página de "sociedad" y lee: "El modisto francés Yvon Saint Clément presenta su colección para el próximo invierno esta noche en el *Parador* (5) de Mojácar. Estarán presentes destacadas personalidades del mundo de la moda, del cine, de la canción y del arte".

– ¿Comprendes ahora? Parece que el Parador está completo y que por eso nos las mandan aquí.

– ¿A las chicas?

– Pues claro, a las maniquíes.

– Qué bien –contesta Cari sin ningún entusiasmo. Y se pone a mirar pasaportes sin interesarse lo más mínimo por Eneko, que se marcha a la cocina, desilusionado.

2

Cuando se dirige a la cocina, Eneko se encuentra con Paco, el jardinero:

– Oye, Paco. No te puedes imaginar. Tenemos el hotel

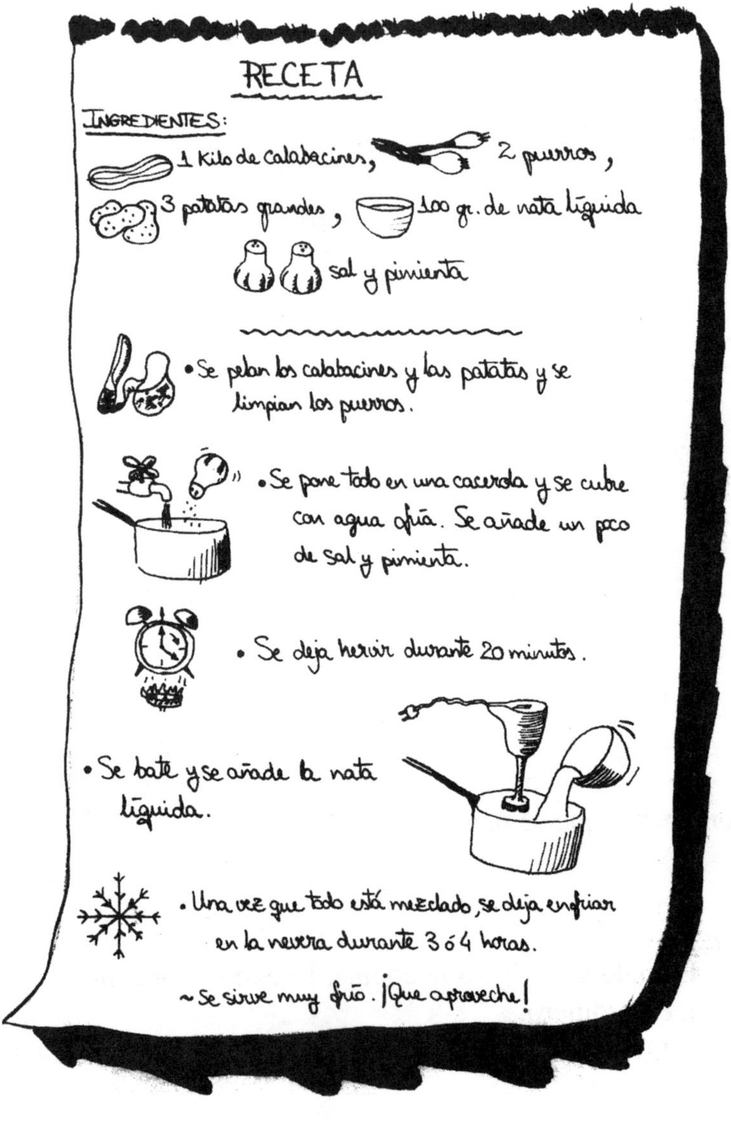
RECETA
INGREDIENTES:
1 Kilo de calabacines,
2 puerros,
3 patatas grandes,
100 gr. de nata líquida
sal y pimienta
• Se pelan los calabacines y las patatas y se limpian los puerros.
• Se pone todo en una cacerola y se cubre con agua fría. Se añade un poco de sal y pimienta.
• Se deja hervir durante 20 minutos.
• Se bate y se añade la nata líquida.
• Una vez que todo está mezclado, se deja enfriar en la nevera durante 3 ó 4 horas.
~ Se sirve muy frío. ¡Que aproveche!

lleno de mujeres maravillosas.

– ¿Ah, sí?

– De cine. ¿No tienes nada que hacer en el segundo piso? Están todas allí...

– Hombre, hacer, hacer... Pero ahora que lo pienso. Voy a llevarle un ramo de flores a cada una y así...

– Qué cruz –murmura Cari, levantando la cabeza de sus papeles.

Los dos hombres se marchan, pero Eneko vuelve a los pocos minutos, muy contento.

– ¿Sabes, Cari? He pensado una entrada deliciosa y fresca para esta noche. Les va a gustar a las rubias... ¡Y no engorda! ¿Te la cuento?

Cari hace un gesto de indiferencia con los hombros, pero Eneko no se desanima.

– Verás. Para seis personas, por ejemplo, pelas un kilo de calabacines, dos puerros y tres patatas grandes...

– ¡Y dices que no engorda...!

– Déjame seguir: ...tres patatas, sal y pimienta. Lo cubres todo con agua fría, lo dejas hervir durante veinte minutos y lo pasas por la batidora hasta tener la consistencia de una sopa de puré un poco espesa. Al final añades cien gramos de nata líquida.

– Y además ¡nata!... ¡Ideal para el régimen, vamos!

Eneko se va, furioso esta vez. Pero antes de desaparecer en la cocina, le grita:

– ¡Ah, lo metes en la nevera tres o cuatro horas! Después lo sirves muy frío... ¡Una delicia!

– Una delicia... Seguro que lo has copiado de un libro de *Karlos Arguiñano* (6) que sabe más de cocina que tú, y encima es más guapo... Y además no es un obseso sexual.

Y se concentra en sus pasaportes.

Milena White, americana nacida en Los Angeles, veintidós años, un metro setenta y nueve centímetros, ojos azules, residente en Santa Mónica, maniquí de profesión.

Noemí Svensson, sueca nacida en Estocolmo, diecinueve años, un metro ochenta, ojos verdes, residente en París (Francia), de profesión modelo.

Esther Goldstein, francesa, natural de Estrasburgo, un metro setenta y seis, veintitrés años, rubia, ojos castaños, residente en París, maniquí y bióloga.

Marta Espinosa, española, natural de Salamanca, residente en Madrid, dieciocho años, rubia, ojos negros, un metro setenta y ocho, maniquí de profesión.

– Vaya, vaya. Qué clientela tan selecta tenemos hoy. ¿Puede saberse qué hago yo aquí?

No tiene tiempo para encontrar la respuesta, porque en ese momento llega el camión de la fruta, como todos los días a las diez de la mañana, y tiene que llamar a Eneko para descargar las cajas de melones, pomelos, naranjas, limones, melocotones, ciruelas, manzanas y peras. Cari nunca ha visto entrar tanta fruta en el hotel.

– Es para las rubias, sólo comen fruta, verdura y yogures. ¿No lo sabías? Es lo que tú debes hacer si quieres ser tan guapa y tan alta como ellas.

Cari se pone pálida pero no responde, porque piensa que la venganza es un plato que se come frío.

3

Cari se instala ante el ordenador. En ese momento suena el teléfono y una voz de hombre pregunta por la última rubia que ha llegado, la francesa.

– Hotel Veramar, buenos días.

– Buenos días, la señorita Goldstein, por favor...

– Un momento, le paso con su habitación.

El teléfono suena varias veces, pero no responde nadie. Qué raro, piensa Cari, si ha subido hace diez minutos...

– Oiga... No está la señorita Esther, no contesta nadie.

– Bueno, llamaré más tarde, gracias.

Cari piensa que estará duchándose o estará durmiendo, cansada del viaje. Estas chicas tienen que estar siempre descansadas y frescas. Eso es vida y no la mía...

Y empieza a ordenar fichas y a meter reservas en el ordenador.

Oye ruido de pasos y ve pasar otra vez a Eneko, con un gran vaso lleno de un líquido rosado y con muchos cubitos de hielo.

– ¿Y adónde vas ahora?

La sueca me ha pedido este zumo de melocotón y papaya, indispensable para tener buen color. Y debe tomarlo todos los días a las diez y cuarto.

– Qué bien... Yo creía que eras el cocinero del hotel, pero ya veo que sirves para todo...

Eneko desaparece muy digno en el ascensor con su zumo en la mano, pero a los cinco minutos está de nuevo frente a Cari, que se enfada.

– Oye, así no hay manera de trabajar. ¿Qué te pasa ahora?

– Que no está.

– ¿Quién no está?

– La rubia.

– ¿Qué rubia? Hay muchas rubias en el hotel.

– La sueca, mujer, la de la papaya. Noemí creo que se llama ¿no? No hay nadie en su cuarto.

– Estará durmiendo... Esta gente no hace más que dormir. Han nacido cansadas...

– Te digo que no. He abierto la puerta y no había nadie.

– ¡Ah! O sea que has abierto la puerta... Huy, si se entera Don José...

– ¿Pero tú la has visto pasar?

– Mira, yo estoy trabajando y no me importa nada si salen o si entran tus rubias maravillosas. ¿Vale?

– Pero esto es muy raro... Me ha llamado hace diez minutos pidiendo el zumo. ¿Dónde puede estar?

– Pregúntale a Paco, a lo mejor está en el jardín.

– Pero para ir al jardín, tienen que pasar delante de ti.

– Bueno, pero yo estoy muy ocupada, no como otros.

4

En ese momento el fax del hotel se pone en marcha e imprime un corto mensaje en inglés. Cari comprueba el nombre del destinatario, mientras se bebe el zumo de papaya sin el menor complejo.

– ¡Pero bueno...! –protesta Eneko.

– Ya sabes que las vitaminas no se conservan más allá de diez minutos y además dice tu rubia que es bueno para el color. ¿No? Vamos a ver... Milena White, Milena White... Esta debe ser la de la 218. Se lo voy a llevar yo y así doy un paseíto y estiro las piernas.

Y sube al segundo piso con el fax en la mano. Como es curiosa por naturaleza, se entera mientras sube de que una agencia de maniquíes de Nueva York propone a Milena un pase de modelos el próximo sábado y espera confirmación urgente. Comprueba al mismo tiempo que su inglés no es tan malo, porque lo ha comprendido todo.

Da unos golpecitos en la puerta de la doscientos dieciocho y espera. El pasillo está silencioso. Pasan unos minutos y llama otra vez. Nada.

– ¿Miss White?

Nadie contesta. Cari olvida sus reproches a Eneko y abre con cuidado la puerta. La cama está intacta. Hay ropa encima de las sillas y de la cama: pantalones, blusas, camisetas, un traje de baño, ropa interior y también unos zapatos en el suelo. En la mesilla de noche hay revistas de moda y un despertador: son las diez y media de la mañana.

La puerta del cuarto de baño está abierta, Cari entra pero el cuarto de baño también está vacío. Hay botes de crema y frascos de perfume, un peine, un cepillo de dientes, un tubo de pasta para los dientes, una barra de labios y lápices para los ojos.

La bañera está llena de agua espumosa, aún caliente, pero las toallas están secas. Nadie se ha bañado.

De repente, suena el teléfono y Cari no sabe qué hacer. Duda unos instantes y al final lo descuelga.

– Dígame.

Alguien dice en inglés:

– Milena. ¿Eres tú? Estoy preocupado. ¿Cómo no llamas?

Cari cuelga el teléfono. Después, se asoma a la ventana y mira hacia abajo. El gran árbol tiene ramas horizontales muy gruesas y no debe ser difícil subir y bajar por él. En ese momento se abre la puerta y entra Cristina, una de las camareras del hotel, que también ayuda en la cocina, con una potente aspiradora y un carrito con los artículos de limpieza.

– ¿Qué estás haciendo aquí? –le pregunta, extrañada.

– Nada. He venido a traer un fax, pero la clienta no está.

– ¿Y piensas que se ha escapado por la ventana?

– Qué tonterías dices. ¿Tú no la has visto en ningún sitio? Es una rubia muy guapa...

– Chica, el hotel está lleno de rubias guapas, no sé qué pasa, parecen setas en tiempo de lluvia.

– Gracias por tu colaboración, tan amable como siempre –dice Cari, y se va.

5

A Cari no le gusta Cristina. A pesar de que hace poco tiempo que trabaja en el hotel, se cree indispensable. Todo lo quiere saber y da su opinión sobre todas las cosas. Además es muy alta y se pasa la vida en la cocina, intentando *ligarse* (7) a Eneko. O sea, que le cae muy mal.

– Todo lo tengo que hacer yo, qué cruz –murmura Cari mientras baja las escaleras.

Al salir del ascensor se cruza con Paco.

– Oye, yo no he visto a nadie en el jardín. Me ha dicho Eneko que ha desaparecido una rubia...

– Me parece que ya son dos, Paco.

– ¿Qué?

Paco no comprende nada, pero Cari piensa que no vale la pena explicarle. Los hombres tardan en comprender las cosas.

Cuando llega a la recepción, el teléfono está sonando hace un rato.

– Sí...

– ¡Socorro... Ayúdenme... Socorro!

Una voz de mujer, cada vez más débil, pide ayuda desde la habitación doscientos quince. Cari coge la llave que abre todas las puertas y *en un abrir y cerrar de ojos* (8) está otra vez en el segundo piso. Abre la puerta con su llave maestra y se encuentra a Marta Espinosa, la joven modelo española, completamente inconsciente, en el suelo, con el teléfono en la mano.

Cari va corriendo al cuarto de baño, coge una toalla, la mete en agua fría y moja con ella la frente de Marta. Observa que el reloj de la chica está roto y marca las once menos cuarto. Después coge el teléfono y llama al despacho del director.

– Por favor, Don José. Llame a un médico, es muy urgente. Habitación doscientos quince...

En ese momento, Marta abre los ojos y murmura con una voz muy débil.

– Peligro... mis compañeras... tráfico de... trata de...

Y se desmaya.

6

Mientras espera al médico, Cari inspecciona la habitación. La ventana está abierta y en el suelo, cerca de ella, hay un poco de tierra y restos de hojas de árbol. Todo está desordenado, como después de una pelea. En el suelo, cerca de la cama, hay algo que brilla, algo redondo y pequeño. Es un objeto metálico, decorado con una media luna en relieve. Parece de oro. Cari lo recoge y en ese momento se abre la puerta y aparece Don José, el Director, con el médico.

Cari lo conoce. Es un joven generalista que viene a menudo al hotel, cuando los clientes tienen problemas de salud. También asistió una vez a Cari, cuando estuvo con *anginas* (9) y a Eneko, cuando tuvo aquella indigestión tan terrible. Es alto, rubio, con unos bonitos ojos claros y se llama Guillermo Juantegui. Cari lo encuentra muy atractivo.

– Hola, Guillermo, qué susto. La he encontrado sin sentido.

– Hola, Cari. ¿Qué ha pasado?

Y mientras Guillermo le toma el pulso a Marta, Cari le cuenta:

– Pues estaba yo en la recepción y sonó el teléfono... Era una voz de mujer pidiendo socorro. Subí inmediatamente y vi que la chica estaba muy mal. Sólo pudo decir unas palabras y se desmayó.

– ¿Y qué dijo?

– Algo así como: "Compañeras... Peligro..." Ah, y también "tráfico o trata de...". No me acuerdo bien... Pero no pudo terminar la frase. Mira, he encontrado esto.

Y le enseña el botón de oro.

– ¿Dónde estaba? –pregunta Don José.

– En el suelo. También hay tierra y hojas...

– Parece de oro, ¿verdad?

– Sí, yo creo que es de oro –contesta Guillermo y examina después el cuello de la muchacha.

– Han intentado estrangularla. Hay que llamar a la policía.

– ¡Qué horror! –exclama Cari.

Don José descuelga el teléfono y marca el número de

la policía.

– Buenos días. Aquí el Hotel Veramar. Un desconocido ha agredido a una de nuestras clientas, una joven maniquí... Sí, sí. Está aquí, en su habitación. Por favor, necesitamos también una ambulancia, está sin sentido.

Cari, muy pálida, mira a Don José.

– Don José, lo peor es que las otras... Me parece que las otras maniquíes también...

– ¿Qué pasa con las otras maniquíes, Cari?

– Pues que... Creo que han desaparecido, Don José. No están en sus cuartos... Hay que decírselo a la policía.

– Pero pueden estar haciendo compras, o en la peluquería, o en la piscina...

– No, no. Es todo muy extraño... No las he visto pasar por la recepción y las ventanas también estaban abiertas, como ésta... Paco ha mirado en el jardín y Eneko también las ha buscado... Creo que hay una relación entre esto y...

– Mira, Cari, tú tienes demasiada imaginación. No hay que complicar las cosas, deja que la policía...

Cari no contesta y se marcha muy seria con una última mirada para el doctor, que así como está en este momento, tiene un perfil precioso.

Pero antes de llegar a la planta baja ha tomado una decisión. Busca el DNI de Marta, que está todavía en el casillero 215 y coge su monedero. Sale del hotel, cruza corriendo la calle y entra en una perfumería.

– Hola. ¿Tenéis tintes para el pelo? –le pregunta a la dependienta.

– Sí, claro. ¿Qué color deseas?

– Rubio platino –responde Cari sin vacilar.

– Mira, ésta marca es francesa y ésta alemana. ¿Cuál prefieres?

– ¿Qué marca es mejor?

– ¿Que cuál es mejor? Pues... No sé, la francesa es más suave... Es la que yo uso y me va muy bien.

– ¿Cuánto vale?

– A ver... Son setecientas cincuenta y ocho pesetas.

– Huy, qué caro.

– Hombre, es que es una marca extranjera y además el *IVA* (10) y esas cosas...

– Bueno, me lo llevo.

Cari le da un billete de mil y la dependienta le da la vuelta: doscientas cuarenta y dos. Pero cuando está a punto de salir, se para en la puerta y pide.

– Otro frasco, por favor. Pero negro, lo más negro posible.

La dependienta la mira extrañada, pero saca el frasco de tinte negro. Cari lo coge, paga, se despide y se va.

7

Unas horas más tarde, la ambulancia se ha llevado a Marta al hospital, pero la puerta de la habitación 215 se abre lentamente y de ella sale una espectacular rubia vestida con elegancia. Lleva el cabello rizado y muy corto y unos zapatos de altísimos tacones, con los que apenas puede andar. Pasa discretamente por delante de la recepción, aunque en este momento no hay nadie, y se mete en un taxi.

– Al parador, por favor –le dice al taxista.

El hombre la mira con ojos admirativos, pues la minifalda deja ver unas piernas perfectas y la conduce al Parador por la carretera de la costa.

– ¿Hay alguna fiesta en el Parador esta noche?

– Bueno, una fiesta exactamente, no. Hay un desfile de modelos.

– Ah, y usted es una modelo, claro.

– Sí, sí...

El hombre la mira intensamente por el retrovisor, a pesar del tráfico denso y peligroso. Está empezando a anochecer y las estrellas brillan en el cielo. Dentro de poco saldrá la luna y la señorita rubia, que debe de ser muy romántica, suspira. Pero ya han llegado al Parador y tiene que pagar el taxi y bajarse de él.

– Adiós, buenas tardes.

– Adiós, preciosidad.

La chica enseña su carné de identidad en el control de la entrada, antes de meterse en los vestuarios de las maniquíes. La empleada del control le dice:

– Ah, tú eres Marta Espinosa... Date prisa, que es muy tarde... Oye, faltan otras tres chicas de tu hotel. ¿No sabes dónde están?

– Ni idea. Pero llegarán de un momento a otro, tranquila.

Y entra, agarrándose a las paredes, para no caerse con sus altísimos tacones.

– Yo creía que era más alta... Le dice una de las empleadas a la otra. No se parece a las fotos de las revistas...

– Además, cómo anda. ¿Te has dado cuenta? Parece que está *borracha* (11).

– Pero a pesar de todo, qué guapa...

El vestuario donde se preparan las modelos está separado del gran salón de desfiles por una pesada cortina. El salón debe de estar ya completamente lleno, porque se oyen voces y risas y una música agradable suena en los altavoces.

Una maquilladora se ocupa de la chica rubia de los altos tacones, le pinta los labios de rojo, le pone sombras oscuras en los párpados y máscara en las pestañas. La mira preocupada:

– Tú estás en el Veramar. ¿No? ¿Sabes que faltan tus tres compañeras de hotel?

– Debe ser un pequeño retraso, está muy mal el tráfico.

8

La primera maniquí, una espectacular mulata de ojos verdes, avanza ya por la pasarela al ritmo de un *pasodoble* (12) con un bello conjunto de pantalón y chaqueta de lino rojo y un amplio abrigo de lana negra. Se quita el abrigo, avanza unos pasos con aires de pantera y todos hacen:

– ¡Ooooooh!

La chica rubia del pelo corto aprovecha el momento para observar al público desde dentro: mujeres elegantes con sus riquísimos maridos o amantes, periodistas que toman notas para sus periódicos, millonarios dispuestos a gastarse una fortuna y en primera fila...

– ¡Es él!

Tiene que taparse la boca con la mano para no gritar y corre al teléfono más próximo.

– Diga...

– Soy yo... No, no hagas preguntas ahora. Ven al Parador ahora mismo, después te explico. Sí, es superurgente. ¡Date prisa!

Y cuelga. Alguien la está llamando.

– ¡Marta! ¡Te toca a ti! ¿Dónde estás?

Se pone un maravilloso conjunto de *tweed* color pistacho y collares, pendientes, pulseras, sortijas.

– A ver qué haces –le dice la organizadora del desfile, una francesa muy autoritaria–. Hay dos embajadoras, un director de cine, un emir del petróleo... A ver qué haces. Pero... ¿Qué llevas en la mano?

– No, nada, nada...

Y sube a la pasarela, titubeando sobre los tacones, imitando la complicada forma de andar de las maniquíes.

Suena ahora una sensual música caribeña. Debe ser un *merengue* (13). Piensa Cari, a quien le encanta bailar. Y avanza sonriente, un poco más segura, moviendo las caderas exageradamente. Pero de pronto se interrumpe y se

detiene delante de un hombre maduro y muy moreno, de ojos negrísimos. Lleva barba y bigote, muy negros también. Parece alguien importante, porque está rodeado de varios guardaespaldas. Cari lo mira fijamente y comprueba que los botones de oro de su túnica de seda son idénticos al que ella tiene en la mano, con una media luna en relieve.

– Señor Emir. ¿Recuerda Usted dónde ha perdido esto?

Y abre la mano.

El hombre se levanta asustado y dos de sus guardaespaldas lo protegen con sus cuerpos. El tercero coge a Cari en brazos y huye precipitadamente con ella, seguido por los otros tres hombres. El público grita, la música se interrumpe, la organizadora francesa llora, el modisto Yvon Saint Clément gesticula. Nadie comprende qué pasa.

9

Los fugitivos llegan rápidamente a una puerta trasera que da a una pequeña calle lateral donde está aparcado el Rolls Royce del Emir Ibn El Malif Ben Yusuf, con su chófer al volante y el motor en marcha. Pero justo cuando van a esconder a la chica en el maletero del coche, aparece una Yamaha 1100 a toda velocidad y ella grita:

– ¡Sálvame, Eneko, sálvame!

Eneko la arranca de los brazos del hombre, la monta en su moto y huye velozmente con ella. A lo lejos se oye la sirena de la policía... Pero Eneko no comprende nada y, aunque está encantado con la situación, quiere saber quién es la

rubia que está sentada detrás de él, abrazada a su cuerpo.

– Excuse me... Who are you, miss?

– Pero Eneko... ¿No me reconoces? ¡Soy yo, Cari!

Eneko la mira en el retrovisor.

– Pero... Pero, Cari. ¿Y ese pelo rubio?

– Yo creía que a ti solamente te gustaban las rubias...

– Las otras sí, pero tú no, Cari. Tú eres morena y sólo me gustas así: morena.

– Dios mío, qué cruz –gime Cari mientras se baja de la moto en la puerta del hotel y se quita los terribles tacones.

– Bueno, cuéntame de una vez qué significa todo esto, no entiendo nada.

– El botón, el botón de oro con la media luna en el cuarto de Marta. ¿No te acuerdas? Es del Emir, del Emir Ibn El Malif Ben Yusuf. Su yate está en el puerto, lo vi al pasar en taxi esta tarde, tenía la bandera de su país, una bandera con una media luna, de un emirato del Golfo... Eso me hizo comprenderlo todo: la media luna. Es él quien ha raptado a las chicas rubias ¿comprendes? Sólo Marta se defendió, intentaron estrangularla y en la pelea él perdió el botón de oro.... Pero Dios mío, ¿Qué hago yo aquí? Tengo que explicárselo a la policía... La prueba la tengo yo y hay que encontrar a las otras rubias... Pero dime, ¿y por qué todas rubias?

– No sé, ya sabes eso de "Los Caballeros las prefieren rubias..."

– Es un título de película, ¿no?

– Sí, me parece que era de Marilyn Monroe... ¡Pero bueno, no estamos aquí para hablar de películas! ¡Llévame ahora mismo al Parador!

– ¿Y mi cena? ¡Tengo que preparar la cena! ¿Te olvidas de que soy el cocinero del hotel?

– Sólo piensas en la comida... Los vascos sólo pensáis en comer. ¡Qué cruz! ¿Te das cuenta de que hay tres vidas humanas en peligro?

Eneko, dócilmente, pone en marcha su Yamaha, Cari lo abraza triunfante y llegan de nuevo al Parador, que está a muy pocos kilómetros.

La callecita lateral está llena de curiosos, hay dos coches de policía y varias motos. La luz giratoria azul ilumina la escena. En ese momento, el jeque Ibn El Malif Ben Yusuf está enseñando a la policía su pasaporte diplomático y ésta se dispone a abrirle paso hasta el yate, pidiendo disculpas por el error. Pero Cari salta de la moto y grita:

– ¡Alto! ¡Es un delincuente peligroso! Se dedica a la trata de blancas y ha raptado a tres chicas en el Hotel Veramar. ¡Tengo la prueba!

La policía los embarca a todos, supuestos delincuentes y testigos, en una furgoneta y los lleva a la comisaría de Mojácar donde, después de una hora de declaraciones, los cuatro sospechosos quedan detenidos. Cari y Eneko, libres, corren de nuevo por la carretera al borde del mar. Otro coche de la policía está aparcado junto al yate del Emir y Cari y Eneko piensan, contentos, que las tres maniquíes rubias dormirán esta noche en el Hotel Veramar.

– Mi cena, mi cena... Tengo que darme prisa y prepararles mi crema de calabacín... Les va a gustar, después de tanto susto –declara Eneko, acelerando.

– Tú, para ligar, ya no sabes qué hacer... Crema de calabacín, crema de calabacín... Anda, déjame en el hospital y vete a tu cocina. Quiero ver a Marta Espinosa para devolverle su carné y ver cómo está.

10

El hospital provincial no es muy grande, pero las habitaciones son modernas y están muy limpias. Una enfermera acompaña a Cari hasta la cama de Marta, que está un poco pálida, pero contenta de recibir una visita.

– Perdona, pero no te conozco...

– Soy Cari, la recepcionista del Hotel Veramar.

– Pero, pero... ¿Tú no eras morena, muy morena?

– Sí, pero me he teñido el pelo para suplantarte. Tenía que descubrir al culpable. ¿Recuerdas ahora cómo era?

– No lo olvidaré jamás: un hombre de unos cuarenta años, alto y moreno, con barba y bigote... No parecía español y llevaba una túnica.

– Exacto. Era él: Ben Yusuf.

– Quiso dormirme con cloroformo y llevarme hasta la ventana, para bajar conmigo por el árbol. Abajo esperaban los otros. Luché con él...

– Qué valiente.

– Bueno, es que soy *cinturón marrón* (14) de judo. ¿Sabes? Las maniquíes tenemos que saber defendernos. Le di dos o tres buenos golpes y tuvo que marcharse. Pero mi cuello...

– ¿Te duele?

– Ya no. El médico ha dicho que no quedarán señales.

– Menos mal, porque con la profesión que tienes...

– Imagínate. Oye... ¿Y tú cómo lo has descubierto todo?

– Por un botón... Un botón de oro con una media luna que tu Emir perdió en la pelea.

– Tú también eres valiente.

– Qué va. He tenido suerte, eso es todo. Y ahora me tengo que ir. Mi jefe debe estar furioso, no he hecho nada en todo el día.

– ¿Te parece poco todo lo que has hecho?

– Sí, pero mi jefe...

– Tu jefe no sabe qué recepcionista tiene. ¿Por qué no le ofreces tus servicios al F.B.I.?

Cari se ríe.

– Bueno, si me quedo sin trabajo, me lo pensaré. Adiós, Marta, que te mejores.

– Adiós, Cari, un montón de gracias por todo. ¡Ah! Y que estás guapísima rubia...

– Desgraciadamente no es lo que todos piensan... Qué cruz.

11

En la recepción del hotel hay una nota de Eneko:

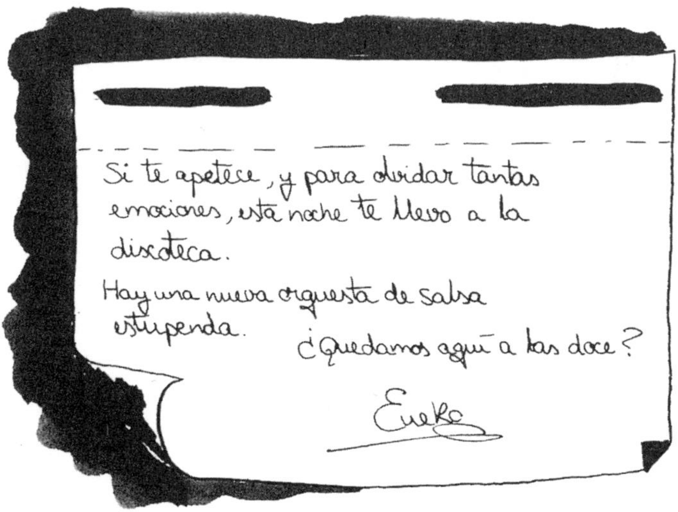

* *Salsa* (15)

Cari está cansada, pero feliz. Irá esta noche a la discoteca. Rubia o morena, poco importa.

Al pasar por el espejo del hall se mira y piensa que a lo mejor es verdad aquello de "Los caballeros las prefieren rubias... Pero se casan con las morenas".

Al llegar a su cuarto, enciende la tele y se encuentra con el horrible programa "Quién sabe dónde". Es un *reality show* en el que se busca a personas desaparecidas, en general gente joven; y los padres y madres, vecinos y conocidos, lloran y llaman a los desaparecidos delante de la cámara.

– Qué horror –exclama Cari–. Sólo me faltaba esto hoy –y apaga la televisión.

Entra en su pequeño cuarto de baño y coge un frasco de la repisa del lavabo: "Tinte para cabellos muy rubios. Color *ala de cuervo*. Acción inmediata. Larga duración".

Cari se desnuda y se mete en la ducha. Abre el frasco y lo vacía sobre su cabeza. Se frota el cabello con todas sus fuerzas y después sonríe a su imagen en el espejo, la imagen de siempre.

– ...Pero se casan con las morenas. Ahora sólo me queda esperar.

Altea. Verano 1994.

NOTAS EXPLICATIVAS

(1) **Ponerse de puntillas**. Alzarse sobre la punta de los pies para parecer más alto o poder coger algo que está demasiado alto.

(2) **Qué cruz**. Expresión coloquial o muletilla que se utiliza cuando alguien debe soportar el peso excesivo de una desgracia. Su origen está en la cruz de Cristo camino del Calvario. Otra variante es: "*Qué calvario*".

(3) **DNI**. Iniciales de *Documento Nacional de Identidad*, que identifica a todo ciudadano español.

(4) Las calificaciones que obtienen los estudiantes españoles en los exámenes suelen ser, de menos a más: *Insuficiente, Suficiente, Aprobado, Bien, Notable, Sobresaliente y Matrícula de Honor.*

(5) **Paradores**. Cadena de hoteles de lujo subvencionados por el Estado. Suelen estar situados en lugares históricos o de gran interés geográfico o artístico.

(6) **Karlos Arguiñano**. Cocinero vasco que se ha hecho muy popular en los años 90 a través de sus programas de televisión y de los libros de cocina que ha publicado.

(7) **Ligar, ligar(se) a alguien**. Intentar entrar en relación amorosa con otra persona. El que "liga" mucho es "un ligón", y la persona a quien se ha "ligado", es un "ligue".

(8) **En un abrir y cerrar de ojos**. Con gran rapidez.

(9) **Anginas**. Infección de las amígdalas, en la zona de la garganta. Se utiliza siempre en plural: *estar con anginas, tener anginas.*

(10) **IVA**. *Impuesto sobre el valor añadido.* Impuesto sobre los bienes de consumo que paga todo ciudadano de la Unión Europea.

(11) **Borracho** (estar o ser un) Se dice del que ha bebido demasiado. El verbo correspondiente es *emborracharse*.
(12) **Pasodoble**. Ritmo español bailable muy popular.
(13) **Merengue**. Ritmo tropical bailable de origen dominicano.
(14) **Cinturón marrón**. Uno de los grados más altos del judo.
(15) **Salsa**. Conjunto de ritmos bailables de origen caribeño.

¿HAS COMPRENDIDO BIEN?

Capítulo 1

1. Completa el cuadro con todo lo que sabes de:

Cari:

- Edad: veintiún años
- Profesión: recepcionista, estudiante
- Físico: agradable; morena, ojos negros
- Carácter: valiente y simpática
- Problemas: muy bajita

Eneko:

- Edad: joven
- Profesión: cocinero
- Físico: alto, rubio, ojos claros
- Carácter: ______
- Gustos: las chicas guapas, moto

2. ¿Verdad o mentira?

	V	M
El carné de identidad y el DNI son el mismo documento.	☒	☐
Cari no necesita ponerse de puntillas para ser tan alta como las modelos.	☐	☒
Cari se pone colorada al mirarse en el espejo.	☐	☒

1. Combina los elementos de las tres columnas:

Cari *es baja*	es	alto/a.
Marta *es alta*	está	bajo/a.
Eneko *es cocinero*		francesa.
Don José *es director*		rubio/a.
Esther *es francesa*		director.
Cristina *está en su cuarto*		cocinero.
		desmayado/a.
		en su cuarto.

2. Haz una lista de todas las frutas que ha comprado Eneko.

1. *melones* **5.** *melocotones*
2. *pomelos* **6.** *ciruelas*
3. *naranjas* **7.** *manzanas*
4. *limoses* **8.** *peras*

Comprueba si hay alguna fruta que te has dejado. ¿Las conoces todas? Si no las conoces pregunta a tus compañeros, a tu profesor o busca en el diccionario.

3. Eneko explica cómo hacer la crema de calabacines y puerros. Enumera los verbos que aparecen en la explicación, y pon ejemplos.

1.	*Pelar*	*Se pelan las patatas, las naranjas*
2.	*Limpiar*	*Se limpian los puerros*
3.	*Poner*	*se pone todo en una cacerola*
4.	*Cubrir*	*Se cubre con agua fría*
5.	*Añadir*	*Se añade un poco de sal*
6.	*Dejar*	*Se deja hervir*

¿Te va a gustar este riquísimo plato de Eneko?

4. **¿Verdad o mentira?**

	V	M
Las cuatro maniquíes comen muchísimo.	☐	☒
Marta Espinosa es americana.	☐	☒
El desfile de modelos es en el Parador.	☐	☒
Cari jamás entra en las habitaciones sin llamar.	☒	☐

Capítulo 4

1. **Haz una lista con las cosas que pueden estar en el cuarto de baño.**

la bañadora
botes de crema
frascos de perfume
un peine y un cepillo de dientes
un tubo de pasta para los dientes
una barra de labios

2. **Termina las siguientes frases:**

➪ Cari se bebe el zumo de papaya porque es bueno para el ca...
➪ Milena White recibe un fax para un pase de modelos
y Cari lo sabe porque lo ha leido
➪ Cari llama a la habitación de Milena y como no está ...
sube al segundo piso . Se encuentra la habitación vacía

Capítulos 5 y 6

1. **Completa los siguientes espacios:**

"Cari entra ..en.. la habitación. La ventana ..está.. abierta. En el suelo ..hay.. un poco de tierra. Todo ..está.. desordenado. Junto ..del.. la ventana ..está.. un objeto brillante. Parece ..de.. oro. Se abre la puerta y ..aparece.. Don José, que ..es.. el director del Hotel Veramar."

2. Contesta a las siguientes preguntas:

❑ ¿Qué pistas encuentra Cari en la habitación?

tierra en el suelo, la ventana abierta, restos de h...

❑ ¿Qué compra Cari en la perfumería? ¿Para qué?

tintes para el pelo; para colorear su pelo

❑ ¿Cuánto le cuestan a Cari los dos tintes, el rubio y el moreno?

758 pts. x 2 = 1516 pts.

3. ¿Verdad o mentira?

	V	M
Guillermo Juantegui tiene los ojos negros.	☐	☒
Don José es el médico del hotel.	☐	☒
Cari encuentra que el tinte es muy caro.	☒	☐
Cari se lleva el carné de identidad de Marta.	☒	☐
El impuesto del IVA sube más el precio.	☒	☐

Capítulo 7

Relaciona los elementos de las siguientes columnas:

La ambulancia Cari Un taxi	lleva	el pelo rizado y rubio a Cari a Marta	al parador. para el desfile. al hospital.

Capítulo 8

Lee el siguiente resumen:

"Cari disfrazada de Marta observa el desfile. Está buscando al culpable de la desaparición de sus compañeras. Cari encuentra mucha gente sospechosa. Se pone un traje verde con muchos collares para desfilar. En la pasarela descubre al sospechoso."

➪ ¿Estás de acuerdo con este resumen? ..... Corrige lo que creas conveniente..

....

➪ ¿Puedes contar cómo termina el desfile? ....
....
....

2. Relaciona los elementos de las dos columnas:

Cari,	oye	a un hombre con barba y bigote.
	cree que	el Emir es el culpable de los secuestros.
	ve	los botones son iguales al suyo.
	piensa que	una música caribeña.
	llama	a Eneko para pedirle ayuda.

3. Forma frases con los siguientes elementos:

El Emir	es	pálido/a.
Eneko	está	valiente.
Cari		asustado/a.
		encantado/a.
		rico/a.

Capítulo 9

Señala qué afirmaciones son correctas:

- ❑ Eneko lleva a Cari en moto porque es rubia.
- ❑ Cari cree que si es rubia le gustará más a Eneko.
- ❑ A Eneko sólo le gusta Cari como es, morena.
- ❑ Eneko y Cari montan tres veces en moto.

Capítulo 10

Responde a las siguientes preguntas:

- ❑ ¿Cómo se defendió Marta de Ben Yusuf?

  ....

- ❑ ¿Reconoce a Ben Yusuf? ¿Cómo es?

  ....

- ❑ ¿Cómo ha llegado Cari al hospital?

  ....

- ❑ ¿Por qué se tiene que ir Cari?

  ....

Capítulo 11

1. Completa las siguientes frases:

- ➪ Eneko invita a Cari a .... , porque

  ....

- ➪ El tinte que coge Cari es ....

  ....

2. Responde:

- ❑ ¿Conoces los *reality show*? ....

  ....

- ❑ ¿Qué opinas de la frase "Los caballeros las prefieren rubias"? ....

  ....

- ❑ Comenta la última frase de Cari: "...Pero se casan con las morenas. Ahora sólo me queda esperar." ....

  ....

  ....